¿Quiénes Son
Los Bautistas?
Según Sus Distintivos

Pastor Jeremy Markle

Edición del Maestro

Los Ministerios de Caminando en la PALABRA
Pastor Jeremy Markle
www.walkinginthewordministries.net

¿Quiénes Son Los Bautistas? Según Sus Distintivos
Edición del Maestro

Publicado por Los Ministerios de Andando en la PALABRA
Walking in the WORD Ministries
www.walkinginthewordministries.net

Impreso en los Estados Unidos.

ISBN: 978-0692354285

Indice

Indice del Alumno

La Biblia

La BIBLIA es la única y final autoridad de toda la fe y práctica para los creyentes

✔ Romanos 10:17 - La BIBLIA es el <u>origen</u> de la fe
17 Así que la fe es por el oír, y el oír, por la palabra de Dios.
☞ ¿Cómo puede la Biblia producir la fe en nuestra vida?
✎ Por oír lo _____

✔ II Timoteo 3:14-17 - La BIBLIA es <u>inspirada</u> por Dios
14 Pero persiste tú en lo que has aprendido y te persuadiste, sabiendo de quién has aprendido;
15 y que desde la niñez has sabido las Sagradas Escrituras, las cuales te pueden hacer sabio para la salvación por la fe que es en Cristo Jesús.
16 Toda la Escritura es inspirada por Dios, y útil para enseñar, para redargüir, para corregir, para instruir en justicia,
17 a fin de que el hombre de Dios sea perfecto, enteramente preparado para toda buena obra.
☞ La Biblia fue inspirada para hacer cuatro cosas, ¿Cuáles son?
✎ <u>Enseñar</u> _____
✎ <u>Redargüir</u> _____
✎ <u>Corregir</u> _____
✎ <u>Instruir</u> _____

✔ Juan 17:17 - La BIBLIA es la verdad
17 Santifícalos en tu verdad; tu palabra es verdad.
   ☞ ¿Qué hace la verdad de la palabra en nosotros?
   ✎ Nos santifica _____

✔ II Pedro 1:2-4 - La BIBLIA nos da todas las cosas para la vida y piedad por el conocimiento de Dios y las promesas de Dios
2 Gracia y paz os sean multiplicadas, en el conocimiento de Dios y de nuestro Señor Jesús.
3 Como todas las cosas que pertenecen a la vida y a la piedad nos han sido dadas por su divino poder, mediante el conocimiento de aquel que nos llamó por su gloria y excelencia,
4 por medio de las cuales nos ha dado preciosas y grandísimas promesas, para que por ellas llegaseis a ser participantes de la naturaleza divina, habiendo huido de la corrupción que hay en el mundo a causa de la concupiscencia;
   ☞ ¿Cuáles son los tipos de promesas que Dios nos dio?
   ✎ Preciosas _____
   ✎ Grandísimas _____

✔ II Pedro 1:15-21 - La BIBLIA es más <u>segura</u> que la misma voz audible de Dios

15 También yo procuraré con diligencia que después de mi partida vosotros podáis en todo momento tener memoria de estas cosas.

16 Porque no os hemos dado a conocer el poder y la venida de nuestro Señor Jesucristo siguiendo fábulas artificiosas, sino como habiendo visto con nuestros propios ojos su majestad.

17 Pues cuando él recibió de Dios Padre honra y gloria, le fue enviada desde la magnífica gloria una voz que decía: Este es mi Hijo amado, en el cual tengo complacencia.

18 Y nosotros oímos esta voz enviada del cielo, cuando estábamos con él en el monte santo.

19 Tenemos también la palabra profética más segura, a la cual hacéis bien en estar atentos como a una antorcha que alumbra en lugar oscuro, hasta que el día esclarezca y el lucero de la mañana salga en vuestros corazones;

20 entendiendo primero esto, que ninguna profecía de la Escritura es de interpretación privada,

21 porque nunca la profecía fue traída por voluntad humana, sino que los santos hombres de Dios hablaron siendo inspirados por el Espíritu Santo.

☞ ¿La Palabra de Dios es más segura de qué?

✎ <u>Una voz de cielo</u>

☞ ¿Es la Palabra de Dios únicamente para las personas especiales o para todos?

✎ Para todos

☞ ¿Quién escribió la Palabra de Dios?

✎ Los hombres santos y escribieron por Dios

☞ ¿Cómo recibieron los escritores las palabras para escribir la Palabra de Dios?

✎ La inspiración del Espíritu Santo

✔ Hebreos 4:12 - La BIBLIA es un libro vivo que convence el corazón del hombre

12 Porque la palabra de Dios es viva y eficaz, y más cortante que toda espada de dos filos; y penetra hasta partir el alma y el espíritu, las coyunturas y los tuétanos, y discierne los pensamientos y las intenciones del corazón.

☞ ¿Hasta dónde llega la espada de la Palabra de Dios?

✎ El alma y el espíritu - el corazón

La Administración de las Dos Ordenanzas

La ADMINISTRACIÓN
de las dos ordenanzas
del Bautismo por inmersión en agua
y la Cena del Señor
pertenecen a la Iglesia Local

✔ Mateo 3:13-17 - El BAUTISMO fue practicado por Jesús

13 Entonces Jesús vino de Galilea a Juan al Jordán, para ser bautizado por él.

14 Mas Juan se le oponía, diciendo: Yo necesito ser bautizado por ti, ¿y tú vienes a mí?

15 Pero Jesús le respondió: Deja ahora, porque así conviene que cumplamos toda justicia. Entonces le dejó.

16 Y Jesús, después que fue bautizado, subió luego del agua; y he aquí los cielos le fueron abiertos, y vio al Espíritu de Dios que descendía como paloma, y venía sobre él.

17 Y hubo una voz de los cielos, que decía: Este es mi Hijo amado, en quien tengo complacencia.

☞ ¿Porqué Jesús quería ser bautizado?

✎ Para cumplir toda la justicia

☞ ¿En que forma Jesús fue bautizado?

✎ inmersión en el agua

☞ ¿Quién aprobó el bautismo de Jesús?

✎ Dios el Padre

✔ Mateo 28:18-20 - El BAUTISMO es un <u>mandato</u> de Jesús

18 Y Jesús se acercó y les habló diciendo: Toda potestad me es dada en el cielo y en la tierra.

19 Por tanto, id, y haced discípulos a todas las naciones, bautizándolos en el nombre del Padre, y del Hijo, y del Espíritu Santo;

20 enseñándoles que guarden todas las cosas que os he mandado; y he aquí yo estoy con vosotros todos los días, hasta el fin del mundo. Amén.

☞ ¿En cuáles nombres debemos bautizar?

✎ Dios el Padre

✎ Dios el Hijo - Jesucristo

✎ Dios el Espíritu Santo

✔ Hechos 2:40-42 - El BAUTISMO fue <u>practicado</u> por la primera iglesia en el día de Pentecostés

40 Y con otras muchas palabras testificaba y les exhortaba, diciendo: Sed salvos de esta perversa generación.

41 Así que, los que recibieron su palabra fueron bautizados; y se añadieron aquel día como tres mil personas.

42 Y perseveraban en la doctrina de los apóstoles, en la comunión unos con otros, en el partimiento del pan y en las oraciones.

☞ ¿Qué recibieron las personas antes que fueran bautizados?

✎ La Palabra

✔ Hechos 8:35-40 - El BAUTISMO siempre es efectuado después de la expresión de <u>fe</u>

35 Entonces Felipe, abriendo su boca, y comenzando desde esta escritura, le anunció el evangelio de Jesús.

36 Y yendo por el camino, llegaron a cierta agua, y dijo el eunuco: Aquí hay agua; ¿qué impide que yo sea bautizado?

37 Felipe dijo: Si crees de todo corazón, bien puedes. Y respondiendo, dijo: Creo que Jesucristo es el Hijo de Dios.

38 Y mandó parar el carro; y descendieron ambos al agua, Felipe y el eunuco, y le bautizó.

39 Cuando subieron del agua, el Espíritu del Señor arrebató a Felipe; y el eunuco no le vio más, y siguió gozoso su camino.

40 Pero Felipe se encontró en Azoto; y pasando, anunciaba el evangelio en todas las ciudades, hasta que llegó a Cesarea.

☞ ¿Sobre quien Felipe predicó antes que el eunuco pidiera el bautismo?

✎ Jesús _____

☞ ¿Que dijo Felipe que el eunuco tenía que hacer antes que fuera bautizado?

✎ Creer que Jesucristo es el Hijo de Dios

☞ ¿En qué forma el eunuco fue bautizado?

✎ Emersión en el agua _____

11

✔ Mateo 26:26-30 - La CENA DEL SEÑOR fue establecida por Jesús

26   Y mientras comían, tomó Jesús el pan, y bendijo, y lo partió, y dio a sus discípulos, y dijo: Tomad, comed; esto es mi cuerpo.

27   Y tomando la copa, y habiendo dado gracias, les dio, diciendo: Bebed de ella todos;

28   porque esto es mi sangre del nuevo pacto, que por muchos es derramada para remisión de los pecados.

29   Y os digo que desde ahora no beberé más de este fruto de la vid, hasta aquel día en que lo beba nuevo con vosotros en el reino de mi Padre.

30   Y cuando hubieron cantado el himno, salieron al monte de los Olivos.

☞ ¿Cuáles dos cosas estaban incluidas en la Cena del Señor?

✎ El pan

✎ La copa

☞ ¿Que hicieron Jesús y sus discípulos después de la Cena del Señor

✎ Cantaron un himno

✔ I Corintios 11:23-32 - La CENA DEL SEÑOR fue enseñada por Jesús

23   Porque yo recibí del Señor lo que también os he enseñado: Que el Señor Jesús, la noche que fue entregado, tomó pan;

12

24 y habiendo dado gracias, lo partió, y dijo: Tomad, comed; esto es mi cuerpo que por vosotros es partido; haced esto en memoria de mí.

25 Asimismo tomó también la copa, después de haber cenado, diciendo: Esta copa es el nuevo pacto en mi sangre; haced esto todas las veces que la bebiereis, en memoria de mí.

26 Así, pues, todas las veces que comiereis este pan, y bebiereis esta copa, la muerte del Señor anunciáis hasta que él venga.

27 De manera que cualquiera que comiere este pan o bebiere esta copa del Señor indignamente, será culpado del cuerpo y de la sangre del Señor.

28 Por tanto, pruébese cada uno a sí mismo, y coma así del pan, y beba de la copa.

29 Porque el que come y bebe indignamente, sin discernir el cuerpo del Señor, juicio come y bebe para sí.

30 Por lo cual hay muchos enfermos y debilitados entre vosotros, y muchos duermen.

31 Si, pues, nos examinásemos a nosotros mismos, no seríamos juzgados;

32 mas siendo juzgados, somos castigados por el Señor, para que no seamos condenados con el mundo.

☞ ¿Por qué practicamos la Cena del Señor?

✎ En memoria del sacrificio de Jesucristo

Hebreos 10:10 - La Cena del Señor no es repetir el sacrificio de Jesús nuevamente.

☞ ¿Cuál cosa debemos hacer para que no estemos culpables del cuerpo y la sangre del Señor?

✎ Nos examinásemos a nosotros mismos

☞ ¿Que hará Dios de encontrarnos culpables del cuerpo y la sangre del Señor?

✎ Nos castiga - las enfermedades, las debilidades, y la muerte

Únicamente los Regenerados

ÚNICAMENTE los REGENERADOS deben ser miembros de la Iglesia Local

✔ Tito 3:3-7 - Los REGENERADOS son aquellos salvados por la misericordia de Dios a través de Jesucristo

3 Porque nosotros también éramos en otro tiempo insensatos, rebeldes, extraviados, esclavos de concupiscencias y deleites diversos, viviendo en malicia y envidia, aborrecibles, y aborreciéndonos unos a otros.

4 Pero cuando se manifestó la bondad de Dios nuestro Salvador, y su amor para con los hombres,

5 nos salvó, no por obras de justicia que nosotros hubiéramos hecho, sino por su misericordia, por el lavamiento de la regeneración y por la renovación en el Espíritu Santo,

6 el cual derramó en nosotros abundantemente por Jesucristo nuestro Salvador,

7 para que justificados por su gracia, viniésemos a ser herederos conforme a la esperanza de la vida eterna.

☞ ¿Es usted una persona renovada por sus propios esfuerzos?

✎ No

☞ ¿Quién renueva al creyente nuevo?

✎ Espíritu Santo

✔ Hechos 2:41, 47 - Únicamente los REGENERADOS fueron bautizados y se unieron a la Iglesia en el día de Pentecostés

41 Así que, los que recibieron su palabra fueron bautizados; y se añadieron aquel día como tres mil personas.

47 alabando a Dios, y teniendo favor con todo el pueblo. Y el Señor añadía cada día a la iglesia los que habían de ser salvos.

☞ ¿Cuándo fueron las nuevas personas añadidas a la iglesia?

✎ Después que recibieron la Palabra

✎ Después que fueron bautizados

✎ El mismo día

✔ I Corintios 1:1-2 - Únicamente los REGENERADOS son parte de la Iglesia de Dios

1 Pablo, llamado a ser apóstol de Jesucristo por la voluntad de Dios, y el hermano Sóstenes,

2 a la iglesia de Dios que está en Corinto, a los santificados en Cristo Jesús, llamados a ser santos con todos los que en cualquier lugar invocan el nombre de nuestro Señor Jesucristo, Señor de ellos y nuestro:

☞ ¿Como puede ser una persona santificada y llamada con los santos en la iglesia?

✎ Invocar el nombre del Señor Jesucristo

✔ II Corintios 5:17-21 - Los REGENERADOS son nuevas criaturas

17 De modo que si alguno está en Cristo, nueva criatura es; las cosas viejas pasaron; he aquí todas son hechas nuevas.

18 Y todo esto proviene de Dios, quien nos reconcilió consigo mismo por Cristo, y nos dio el ministerio de la reconciliación;

19 que Dios estaba en Cristo reconciliando consigo al mundo, no tomándoles en cuenta a los hombres sus pecados, y nos encargó a nosotros la palabra de la reconciliación.

20 Así que, somos embajadores en nombre de Cristo, como si Dios rogase por medio de nosotros; os rogamos en nombre de Cristo: Reconciliaos con Dios.

21 Al que no conoció pecado, por nosotros lo hizo pecado, para que nosotros fuésemos hechos justicia de Dios en él.

☞ ¿Quién hace a una persona nueva criatura?

✎ Dios

☞ ¿Cual ministerio tiene cada nueva criatura?

✎ El ministerio de reconciliación

✔ Efesios 4:11-13 - Únicamente los REGENERADOS pueden cumplir el <u>ministerio</u> de la iglesia por edificar el cuerpo de Cristo

11 Y él mismo constituyó a unos, apóstoles; a otros, profetas; a otros, evangelistas; a otros, pastores y maestros,

12 a fin de perfeccionar a los santos para la obra del ministerio, para la edificación del cuerpo de Cristo,

13 hasta que todos lleguemos a la unidad de la fe y del conocimiento del Hijo de Dios, a un varón perfecto, a la medida de la estatura de la plenitud de Cristo;

☞ ¿Quién le dio el liderazgo espiritual a la iglesia?

✎ <u>Dios</u>

☞ ¿Cual es el propósito del liderazgo espiritual en la iglesia?

✎ <u>Perfeccionar a los santos para la obra</u>

☞ ¿Cuál es la meta de los creyentes en la iglesia?

✎ <u>Unidad</u>

☞ ¿Cuáles son las áreas en que los creyentes deben ser unidos?

✎ <u>La fe</u>

✎ <u>El conocimiento de Jesucristo</u>

✔ Hebreos 10:22-25 - La Iglesia Local es la <u>reunión</u> de los REGENERADOS para la edificación del uno por el otro

22 acerquémonos con corazón sincero, en plena certidumbre de fe, purificados los corazones de mala conciencia, y lavados los cuerpos con agua pura.

23 Mantengamos firme, sin fluctuar, la profesión de nuestra esperanza, porque fiel es el que prometió.

24 Y considerémonos unos a otros para estimularnos al amor y a las buenas obras;

25 no dejando de congregarnos, como algunos tienen por costumbre, sino exhortándonos; y tanto más, cuanto veis que aquel día se acerca.

☞ ¿Cómo deben los creyentes reunirse?

✎ con corazón <u>sincero</u>

✎ en plena <u>certidumbre</u> de fe

✎ <u>purificados</u> los corazones de mala conciencia

✎ <u>lavados</u> los cuerpos con agua pura

☞ ¿Cómo deben los creyentes mantenerse?

✎ <u>Firmes</u>

☞ ¿Qué deben hacer los creyentes en las reuniones de la iglesia?

✎ <u>Considerar los unos a los otros</u>

✎ <u>Estimular los unos a los otros</u>

☞ ¿En cuáles dos cosas se deben los creyentes estimular el uno por el otro?

✎ Al amor

✎ A las buenas obras

☞ ¿Cuál cosa no debemos hacer en las reuniones de la iglesia?

✎ Dejar de congregarse

Toda Autonomía de Cada Iglesia Local

**TODA AUTONOMÍA de cada Iglesia Local
le pertenece a sí misma
con Jesucristo como la cabeza
y no hay otra junta, sistema humano,
o iglesia encima de ella**

✔ I Timoteo 3:14-15 - La AUTONOMÍA de la iglesia le pertenece a sí misma porque ella es la <u>casa</u> de Dios y columna y baluarte de la <u>verdad</u>
14 Esto te escribo, aunque tengo la esperanza de ir pronto a verte,
15 para que si tardo, sepas cómo debes conducirte en la casa de Dios, que es la iglesia del Dios viviente, columna y baluarte de la verdad.
☞ ¿A quién pertenece la iglesia?
✎ Dios _____

✔ Efesios 4:15-16, 5:22-27 - La AUTONOMÍA de la iglesia le pertenece a sí misma por que ella está <u>sujeta</u> a su cabeza, Jesús
4:15 sino que siguiendo la verdad en amor, crezcamos en todo en aquel que es la cabeza, esto es, Cristo,
16 de quien todo el cuerpo, bien concertado y unido entre sí por todas las coyunturas que se ayudan mutuamente, según la actividad propia de cada miembro, recibe su crecimiento para ir edificándose en amor.

5:22   Las casadas estén sujetas a sus propios maridos, como al Señor;

23 porque el marido es cabeza de la mujer, así como Cristo es cabeza de la iglesia, la cual es su cuerpo, y él es su Salvador.

24 Así que, como la iglesia está sujeta a Cristo, así también las casadas lo estén a sus maridos en todo.

25 Maridos, amad a vuestras mujeres, así como Cristo amó a la iglesia, y se entregó a sí mismo por ella,

26 para santificarla, habiéndola purificado en el lavamiento del agua por la palabra,

27 a fin de presentársela a sí mismo, una iglesia gloriosa, que no tuviese mancha ni arruga ni cosa semejante, sino que fuese santa y sin mancha.

☞ ¿Qué es Jesús para la iglesia?

  ✎ Cabeza

☞ Como los miembros del cuerpo ¿qué debe hacer cada miembro de la iglesia el uno por el otro?

  ✎ Ayudar

☞ ¿A quién Jesús va a presentar la iglesia?

  ✎ A sí mismo

☞ ¿Cómo quiere Jesús presentar la iglesia?

  ✎ Gloriosa

    ⇨ no tuviese mancha

    ⇨ ni arruga

    ⇨ ni cosa semejante

    ⇨ sino que fuese santa

    ⇨ sin mancha

✔ Apocalipsis 1:12-13, 16, 20 - La AUTONOMÍA de la iglesia le pertenece a si misma porque ella tiene su propia representación en el cielo

12 Y me volví para ver la voz que hablaba conmigo; y vuelto, vi siete candeleros de oro,

13 y en medio de los siete candeleros, a uno semejante al Hijo del Hombre, vestido de una ropa que llegaba hasta los pies, y ceñido por el pecho con un cinto de oro.

16 Tenía en su diestra siete estrellas; de su boca salía una espada aguda de dos filos; y su rostro era como el sol cuando resplandece en su fuerza.

20 El misterio de las siete estrellas que has visto en mi diestra, y de los siete candeleros de oro: las siete estrellas son los ángeles de las siete iglesias, y los siete candeleros que has visto, son las siete iglesias.

☞ ¿Con qué es representado el ángel (mensajero/pastor) de la iglesia en el cielo?

✎ Las estrellas

☞ ¿Como esta representada la Iglesia en el cielo?

✎ Los candeleros

☞ ¿A Quién tiene el ángel (mensajero/pastor) de la iglesia en su mano y esta caminando en medio de las iglesias?

✎ Jesucristo

✔ Apocalipsis 2:1-3:22 - La AUTONOMÍA de la iglesia le pertenece a sí misma porque ella recibe su propia bendición, castigo y oportunidad en el futuro por obediencia.

2:1 Escribe al ángel de la iglesia en Efeso: El que tiene las siete estrellas en su diestra, el que anda en medio de los siete candeleros de oro, dice esto:

2:8 Y escribe al ángel de la iglesia en Esmirna: El primero y el postrero, el que estuvo muerto y vivió, dice esto:

2:12 Y escribe al ángel de la iglesia en Pérgamo: El que tiene la espada aguda de dos filos dice esto:

2:18 Y escribe al ángel de la iglesia en Tiatira: El Hijo de Dios, el que tiene ojos como llama de fuego, y pies semejantes al bronce bruñido, dice esto:

3:1 Escribe al ángel de la iglesia en Sardis: El que tiene los siete espíritus de Dios, y las siete estrellas, dice esto: Yo conozco tus obras, que tienes nombre de que vives, y estás muerto.

3:7 Escribe al ángel de la iglesia en Filadelfia: Esto dice el Santo, el Verdadero, el que tiene la llave de David, el que abre y ninguno cierra, y cierra y ninguno abre:

3:14 Y escribe al ángel de la iglesia en Laodicea: He aquí el Amén, el testigo fiel y verdadero, el principio de la creación de Dios, dice esto:

☞ ¿Quién sabe los hechos de la iglesia?

✎ Jesucristo

☞ ¿Quién traerá las bendiciones o los castigos a la iglesia?

✎ Jesucristo

☞ ¿Quién hace la decisión de obedecer o desobedecer el aviso de Jesús a la iglesia?

✎ Los creyentes en la iglesia

✔ Mateo 18:15-20 - La AUTONOMÍA de la iglesia le pertenece a sí misma porque ella tiene la responsabilidad de confrontar y disciplinar a sus miembros por la autoridad de Dios

15 Por tanto, si tu hermano peca contra ti, ve y repréndele estando tú y él solos; si te oyere, has ganado a tu hermano.

16 Mas si no te oyere, toma aún contigo a uno o dos, para que en boca de dos o tres testigos conste toda palabra.

17 Si no los oyere a ellos, dilo a la iglesia; y si no oyere a la iglesia, tenle por gentil y publicano.

18 De cierto os digo que todo lo que atéis en la tierra, será atado en el cielo; y todo lo que desatéis en la tierra, será desatado en el cielo.

19 Otra vez os digo, que si dos de vosotros se pusieren de acuerdo en la tierra acerca de cualquiera cosa que pidieren, les será hecho por mi Padre que está en los cielos.

20 Porque donde están dos o tres congregados en mi nombre, allí estoy yo en medio de ellos.

21 Entonces se le acercó Pedro y le dijo: Señor, ¿cuántas veces perdonaré a mi hermano que peque contra mí? ¿Hasta siete?
22 Jesús le dijo: No te digo hasta siete, sino aun hasta setenta veces siete.

☞ ¿Cuál cosa debe hacer la iglesia antes que discipline a un miembro?

✎ Confrontar y buscar el arrepentimiento

☞ ¿Quién está de acuerdo con la iglesia en la decisión final de la disciplina?

✎ Dios el Padre

La Iglesia Local
Tiene Dos Oficiales

La IGLESIA Local tiene dos OFICIALES
el Pastor y el Diácono

✔ I Timoteo 3:1-16, Tito 1:5-9 - Los dos OFICIALES tienen requisitos dados por Dios

1 Palabra fiel: Si alguno anhela obispado, buena obra desea.

2 Pero es necesario que el obispo sea irreprensible, marido de una sola mujer, sobrio, prudente, decoroso, hospedador, apto para enseñar;

3 no dado al vino, no pendenciero, no codicioso de ganancias deshonestas, sino amable, apacible, no avaro;

4 que gobierne bien su casa, que tenga a sus hijos en sujeción con toda honestidad

5 (pues el que no sabe gobernar su propia casa, ¿cómo cuidará de la iglesia de Dios?);

6 no un neófito, no sea que envaneciéndose caiga en la condenación del diablo.

7 También es necesario que tenga buen testimonio de los de afuera, para que no caiga en descrédito y en lazo del diablo.

8 Los diáconos asimismo deben ser honestos, sin doblez, no dados a mucho vino, no codiciosos de ganancias deshonestas;

9 que guarden el misterio de la fe con limpia conciencia.

10 Y éstos también sean sometidos a prueba primero, y entonces ejerzan el diaconado, si son irreprensibles.

11 Las mujeres asimismo sean honestas, no calumniadoras, sino sobrias, fieles en todo.

12 Los diáconos sean maridos de una sola mujer, y que gobiernen bien sus hijos y sus casas.

13 Porque los que ejerzan bien el diaconado, ganan para sí un grado honroso, y mucha confianza en la fe que es en Cristo Jesús.

14 Esto te escribo, aunque tengo la esperanza de ir pronto a verte,

15 para que si tardo, sepas cómo debes conducirte en la casa de Dios, que es la iglesia del Dios viviente, columna y baluarte de la verdad.

16 E indiscutiblemente, grande es el misterio de la piedad: Dios fue manifestado en carne, Justificado en el Espíritu, Visto de los ángeles, Predicado a los gentiles, Creído en el mundo, Recibido arriba en gloria.

☞ ¿Cuáles son algunos requisitos para el pastor?

✎ Marido de una sola mujer

✎ Sobrio

✎ Prudente

✎ Gobierne bien su casa

☞ ¿Cuáles son algunos requisitos para el diácono?

✎ Honesto

✎ Guarden el misterio de la fe

✎ Las mujeres sean honestas ...

✎ Marido de una sola mujer

✔ Filipenses 1:1 - Los dos OFICIALES son los lideres/siervos espirituales de Dios para la Iglesia
1 Pablo y Timoteo, siervos de Jesucristo, a todos los santos en Cristo Jesús que están en Filipos, con los obispos y diáconos:
☞ ¿Cuáles dos puestos estaban mencionados como lideres de la iglesia en Filipos?
✐ Los obispos
✐ Los diáconos

✔ Efesios 4:7-16 - El OFICIAL de pastor es provisto por Dios como don de Jesús a la Iglesia
7 Pero a cada uno de nosotros fue dada la gracia conforme a la medida del don de Cristo.
8 Por lo cual dice: Subiendo a lo alto, llevó cautiva la cautividad, Y dio dones a los hombres.
9 Y eso de que subió, ¿qué es, sino que también había descendido primero a las partes más bajas de la tierra?
10 El que descendió, es el mismo que también subió por encima de todos los cielos para llenarlo todo.
11 Y él mismo constituyó a unos, apóstoles; a otros, profetas; a otros, evangelistas; a otros, pastores y maestros,
12 a fin de perfeccionar a los santos para la obra del ministerio, para la edificación del cuerpo de Cristo,

13 hasta que todos lleguemos a la unidad de la fe y del conocimiento del Hijo de Dios, a un varón perfecto, a la medida de la estatura de la plenitud de Cristo;

14 para que ya no seamos niños fluctuantes, llevados por doquiera de todo viento de doctrina, por estratagema de hombres que para engañar emplean con astucia las artimañas del error,

15 sino que siguiendo la verdad en amor, crezcamos en todo en aquel que es la cabeza, esto es, Cristo,

16 de quien todo el cuerpo, bien concertado y unido entre sí por todas las coyunturas que se ayudan mutuamente, según la actividad propia de cada miembro, recibe su crecimiento para ir edificándose en amor.

☞ Cuales son los propósitos del pastor/maestro

✎ a fin de perfeccionar a los santos

✎ para la obra del ministerio

✎ para que ya no seamos niños fluctuantes

✎ sino que siguiendo la verdad en amor

✎ que se ayudan mutuamente

✔ I Pedro 5:1-4 - El OFICIAL de pastor tiene la responsabilidad de <u>cuidar</u> la grey de Dios
1 Ruego a los ancianos que están entre vosotros, yo anciano también con ellos, y testigo de los padecimientos de Cristo, que soy también participante de la gloria que será revelada:
2 Apacentad la grey de Dios que está entre vosotros, cuidando de ella, no por fuerza, sino voluntariamente; no por ganancia deshonesta, sino con ánimo pronto;
3 no como teniendo señorío sobre los que están a vuestro cuidado, sino siendo ejemplos de la grey.
4 Y cuando aparezca el Príncipe de los pastores, vosotros recibiréis la corona incorruptible de gloria.

☞ ¿Cómo debe el pastor cuidar la grey de Dios?
✎ <u>Voluntariamente</u>
↬ No por <u>fuerza</u>, sino <u>voluntariamente</u>;
↬ No por <u>ganancia</u> deshonesta, sino con <u>ánimo</u> pronto
↬ No como teniendo <u>señorío</u> sobre los que están a vuestro cuidado, sino siendo <u>ejemplo</u> de la grey.
☞ ¿Qué recibe el pastor fiel del Príncipe de los pastores?
✎ <u>La corona incorruptible de gloria</u>

✔ Hechos 6:1-7 - El Oficial de diacono es elegido por los miembros de la iglesia para ayudar a los pastores en el ministerio físico

1 En aquellos días, como creciera el número de los discípulos, hubo murmuración de los griegos contra los hebreos, de que las viudas de aquéllos eran desatendidas en la distribución diaria.

2 Entonces los doce convocaron a la multitud de los discípulos, y dijeron: No es justo que nosotros dejemos la palabra de Dios, para servir a las mesas.

3 Buscad, pues, hermanos, de entre vosotros a siete varones de buen testimonio, llenos del Espíritu Santo y de sabiduría, a quienes encarguemos de este trabajo.

4 Y nosotros persistiremos en la oración y en el ministerio de la palabra.

5 Agradó la propuesta a toda la multitud; y eligieron a Esteban, varón lleno de fe y del Espíritu Santo, a Felipe, a Prócoro, a Nicanor, a Timón, a Parmenas, y a Nicolás prosélito de Antioquía;

6 a los cuales presentaron ante los apóstoles, quienes, orando, les impusieron las manos.

7 Y crecía la palabra del Señor, y el número de los discípulos se multiplicaba grandemente en Jerusalén; también muchos de los sacerdotes obedecían a la fe.

☞ ¿Cuáles son las cosas más importantes para los líderes espirituales que servir las mesas?

✎ La oración

✎ El ministerio de la Palabra de Dios

☞ ¿Dónde se encontraron los primeros diáconos?

✎ De los miembros de la iglesia

☞ ¿Cuáles eran los requisitos de cada diácono?

✎ buen testimonio

✎ llenos del Espíritu Santo

✎ llenos de sabiduría

✎ a quienes encarguemos de este trabajo

El Sacerdocio de Cada Creyente

El SACERDOCIO de cada creyente le pertenece a sí mismo en su relación con Dios

✔ Apocalipsis 1:5-6 - Jesús dio el <u>puesto</u> de SACERDOTE a cada creyente

5 y de Jesucristo el testigo fiel, el primogénito de los muertos, y el soberano de los reyes de la tierra. Al que nos amó, y nos lavó de nuestros pecados con su sangre,

6 y nos hizo reyes y sacerdotes para Dios, su Padre; a él sea gloria e imperio por los siglos de los siglos. Amén.

☞ ¿El creyente es sacerdote para Quién?

✎ <u>Dios</u>

✔ Hebreos 10:19-21 - Cada creyente tiene <u>permiso</u> de entrar al Lugar Santísimo como SACERDOTE

19 Así que, hermanos, teniendo libertad para entrar en el Lugar Santísimo por la sangre de Jesucristo,

20 por el camino nuevo y vivo que él nos abrió a través del velo, esto es, de su carne,

21 y teniendo un gran sacerdote sobre la casa de Dios,

☞ ¿Por qué el creyente puede entrar al Lugar Santísimo?

✎ <u>Por la sangre de Jesucristo</u>

☞ ¿Quién es el Gran Sacerdote sobre la casa de Dios?

✎ Jesucristo

✔ I Timoteo 2:5-6 - Cada creyente tiene el <u>derecho</u> de ir directamente a Dios como SACERDOTE por causa del sacrifico de Jesucristo como mediador
5 Porque hay un solo Dios, y un solo mediador entre Dios y los hombres, Jesucristo hombre,
6 el cual se dio a sí mismo en rescate por todos, de lo cual se dio testimonio a su debido tiempo.
☞ ¿Qué hizo Jesús para ser el mediador de los creyentes?

✎ <u>Dio a sí mismo en rescate por todos</u>
☞ ¿Jesús es el mediador para cuántas personas?

✎ Todos

✔ I Pedro 2:5, 9 - Cada creyente tiene que <u>ofrecer</u> ofrendas a Dios como SACERDOTE
5 vosotros también, como piedras vivas, sed edificados como casa espiritual y sacerdocio santo, para ofrecer sacrificios espirituales aceptables a Dios por medio de Jesucristo.
9 Mas vosotros sois linaje escogido, real sacerdocio, nación santa, pueblo adquirido por Dios, para que anunciéis las virtudes de aquel que os llamó de las tinieblas a su luz admirable;
☞ ¿Cuál tipo de sacerdote debe ser el creyente?

✎ Santo
*Romanos 12:1-2

✔ I Juan 1:9 - Cada creyente tiene la <u>necesidad</u> como SACERDOTE de confesar su pecado

9 Si confesamos nuestros pecados, él es fiel y justo para perdonar nuestros pecados, y limpiarnos de toda maldad.

☞ ¿Qué hace Dios cuando el creyente confiesa su pecado?

✎ <u>Perdona sus pecados</u>

✎ <u>Lo limpia de toda maldad</u>

Toda Libertad
de Cada Alma

**TODA LIBERTAD de cada alma
le pertenece a sí misma
para vivir según las escrituras
y para dar cuentas a Dios personalmente**

✔ Juan 16:12-14 - Cada creyente tiene la LIBERTAD de permitir al Espíritu Santo de <u>guiarle</u>
12 Aún tengo muchas cosas que deciros, pero ahora no las podéis sobrellevar.
13 Pero cuando venga el Espíritu de verdad, él os guiará a toda la verdad; porque no hablará por su propia cuenta, sino que hablará todo lo que oyere, y os hará saber las cosas que habrán de venir.
14 El me glorificará; porque tomará de lo mío, y os lo hará saber.
☞ ¿A dónde guía el Espíritu Santo?
✎ <u>A toda la verdad</u>

✔ I Juan 2:27 - Cada creyente tiene la LIBERTAD de permitir al Espíritu Santo en <u>enseñarlo</u>
27 Pero la unción que vosotros recibisteis de él permanece en vosotros, y no tenéis necesidad de que nadie os enseñe; así como la unción misma os enseña todas las cosas, y es verdadera, y no es mentira, según ella os ha enseñado, permaneced en él.
☞ ¿Cuál es la instrucción del Espíritu Santo?
✎ <u>Es verdadera</u>

✔ Hechos 5:29 - Cada creyente tiene la LIBERTAD de <u>obedecer</u> a Dios antes que a los hombres
29 Respondiendo Pedro y los apóstoles, dijeron: Es necesario obedecer a Dios antes que a los hombres.

☞ ¿Es la obediencia a Dios una opción?

✎ <u>No</u>

✔ Romanos 14:1-12 - Cada creyente tiene la LIBERTAD de <u>elegir</u> las actividades en que va a participar y va a dar cuentas a Dios por sí mismo
1 Recibid al débil en la fe, pero no para contender sobre opiniones.
2 Porque uno cree que se ha de comer de todo; otro, que es débil, come legumbres.
3 El que come, no menosprecie al que no come, y el que no come, no juzgue al que come; porque Dios le ha recibido.
4 ¿Tú quién eres, que juzgas al criado ajeno? Para su propio señor está en pie, o cae; pero estará firme, porque poderoso es el Señor para hacerle estar firme.
5 Uno hace diferencia entre día y día; otro juzga iguales todos los días. Cada uno esté plenamente convencido en su propia mente.
6 El que hace caso del día, lo hace para el Señor; y el que no hace caso del día, para el Señor no lo hace. El que come, para el Señor come, porque da gracias a Dios; y el que no come, para el Señor no come, y da gracias a Dios.

7 Porque ninguno de nosotros vive para sí, y ninguno muere para sí.

8 Pues si vivimos, para el Señor vivimos; y si morimos, para el Señor morimos. Así pues, sea que vivamos, o que muramos, del Señor somos.

9 Porque Cristo para esto murió y resucitó, y volvió a vivir, para ser Señor así de los muertos como de los que viven.

10 Pero tú, ¿por qué juzgas a tu hermano? O tú también, ¿por qué menosprecias a tu hermano? Porque todos compareceremos ante el tribunal de Cristo.

11 Porque escrito está: Vivo yo, dice el Señor, que ante mí se doblará toda rodilla, Y toda lengua confesará a Dios.

12 De manera que cada uno de nosotros dará a Dios cuenta de sí.

☞ Si no tiene la fe (confianza) en que una actividad es justa, ¿qué debe hacer con la libertad?

✎ No lo hace _____

☞ Si sabe que una actividad puede dañar al otro, ¿qué debe hacer con la libertad?

✎ No lo hace _____

✔ Gálatas 5:1, 13 - Cada creyente tiene la LIBERTAD de <u>amar</u> a los unos y a los otros en vez de vivir en la carne
1 Estad, pues, firmes en la libertad con que Cristo nos hizo libres, y no estéis otra vez sujetos al yugo de esclavitud.
13 Porque vosotros, hermanos, a libertad fuisteis llamados; solamente que no uséis la libertad como ocasión para la carne, sino servíos por amor los unos a los otros.
☞ ¿Quién da la libertad a los creyentes?
✎ Jesucristo
☞ ¿Para qué no deben los creyentes usar su libertad?
✎ Una ocasión para la carne
☞ ¿Para qué deben los creyentes usar su libertad?
✎ Servir por amor los unos a los otros

✔ I Pedro 2:15-16 - Cada creyente tiene la LIBERTAD de <u>servir</u> a Dios o hacer lo malo
15 Porque esta es la voluntad de Dios: que haciendo bien, hagáis callar la ignorancia de los hombres insensatos;
16 como libres, pero no como los que tienen la libertad como pretexto para hacer lo malo, sino como siervos de Dios.
☞ ¿Cuál cosa no deben hacer los creyentes con su libertad?
✎ Hacer lo malo

☞ ¿Cómo los creyentes deben vivir con su libertad?

✎ Como siervos de Dios _____

La Autoridad Separada de la Iglesia y el Gobierno

La AUTORIDAD de la Iglesia y el Gobierno son separadas

✔ Mateo 22:17-21 - Jesús manda dar <u>tributo</u> justo al GOBIERNO

17 Dinos, pues, qué te parece: ¿Es lícito dar tributo a César, o no?

18 Pero Jesús, conociendo la malicia de ellos, les dijo: ¿Por qué me tentáis, hipócritas?

19 Mostradme la moneda del tributo. Y ellos le presentaron un denario.

20 Entonces les dijo: ¿De quién es esta imagen, y la inscripción?

21 Le dijeron: De César. Y les dijo: Dad, pues, a César lo que es de César, y a Dios lo que es de Dios.

☞ ¿Por qué el gobierno tiene el derecho de mandar tributo?

✎ <u>Porque su inscripción está en el dinero</u>

☞ ¿Qué deben los creyentes dar al gobierno y a Dios?

✎ Dad, pues, a César lo que es de <u>César</u>
De acuerdo con la imagen representada

✎ Dad, pues ... Dios lo que es de <u>Dios</u>
De acuerdo con la imagen representada - Génesis 1:26-27

✔ Juan 18:36-37 - Jesús declaró que Su <u>reino</u> no es del GOBIERNO del mundo

36 Respondió Jesús: Mi reino no es de este mundo; si mi reino fuera de este mundo, mis servidores pelearían para que yo no fuera entregado a los judíos; pero mi reino no es de aquí.

37 Le dijo entonces Pilato: ¿Luego, eres tú rey? Respondió Jesús: Tú dices que yo soy rey. Yo para esto he nacido, y para esto he venido al mundo, para dar testimonio a la verdad. Todo aquel que es de la verdad, oye mi voz.

☞ ¿Es el reino de Jesús de este mundo?

✎ NO

☞ ¿Qué hacen aquellos que siguen a Dios?

✎ Oyen Su voz

✔ Romanos 13:1-7 - Dios nos dio las autoridades del GOBIERNO para <u>someternos</u>

1 Sométase toda persona a las autoridades superiores; porque no hay autoridad sino de parte de Dios, y las que hay, por Dios han sido establecidas.

2 De modo que quien se opone a la autoridad, a lo establecido por Dios resiste; y los que resisten, acarrean condenación para sí mismos.

3 Porque los magistrados no están para infundir temor al que hace el bien, sino al malo. ¿Quieres, pues, no temer la autoridad? Haz lo bueno, y tendrás alabanza de ella;

4 porque es servidor de Dios para tu bien. Pero si haces lo malo, teme; porque no en vano lleva la espada, pues es servidor de Dios, vengador para castigar al que hace lo malo.
5 Por lo cual es necesario estarle sujetos, no solamente por razón del castigo, sino también por causa de la conciencia.
6 Pues por esto pagáis también los tributos, porque son servidores de Dios que atienden continuamente a esto mismo.
7 Pagad a todos lo que debéis: al que tributo, tributo; al que impuesto, impuesto; al que respeto, respeto; al que honra, honra.

☞ ¿Quién le dio la autoridad al gobierno?
✎ <u>Dios</u>

☞ ¿Cuáles son los propósitos del gobierno?
✎ <u>Infundir temor a los que hacen mal</u>
✎ <u>Alabar a los que hacen bien</u>

☞ ¿El gobierno es siervo de quién?
✎ <u>Dios</u>

☞ ¿Cuáles son las cosas que se deben pagar al estado?
✎ Al que tributo, <u>tributo</u>
✎ Al que impuesto, <u>impuesto</u>
✎ Al que respeto, <u>respeto</u>
✎ Al que honra, <u>honra</u>

✔ Efesios 4:11-13 - Jesús le dio las autoridades de la IGLESIA para perfeccionarla

11 Y él mismo constituyó a unos, apóstoles; a otros, profetas; a otros, evangelistas; a otros, pastores y maestros,

12 a fin de perfeccionar a los santos para la obra del ministerio, para la edificación del cuerpo de Cristo,

13 hasta que todos lleguemos a la unidad de la fe y del conocimiento del Hijo de Dios, a un varón perfecto, a la medida de la estatura de la plenitud de Cristo;

☞ ¿Cuáles son las autoridades de la iglesia?

✎ Los apostales

✎ Los profetas

✎ Los evangelistas

✎ Los pastores   y maestros

*Efesios 2:20 - Los apóstoles y profetas fueron el fundamento de la iglesia

☞ ¿Quién debe cumplir la obra del ministerio?

✎ Los santos

✔ Hechos 5:15-32 - La autoridad de Dios es más elevada que la autoridad del GOBIERNO por la IGLESIA

15 tanto que sacaban los enfermos a las calles, y los ponían en camas y lechos, para que al pasar Pedro, a lo menos su sombra cayese sobre alguno de ellos.

16 Y aun de las ciudades vecinas muchos venían a Jerusalén, trayendo enfermos y atormentados de espíritus inmundos; y todos eran sanados.

17 Entonces levantándose el sumo sacerdote y todos los que estaban con él, esto es, la secta de los saduceos, se llenaron de celos;

18 y echaron mano a los apóstoles y los pusieron en la cárcel pública.

19 Mas un ángel del Señor, abriendo de noche las puertas de la cárcel y sacándolos, dijo:

20 Id, y puestos en pie en el templo, anunciad al pueblo todas las palabras de esta vida.

21 Habiendo oído esto, entraron de mañana en el templo, y enseñaban. Entre tanto, vinieron el sumo sacerdote y los que estaban con él, y convocaron al concilio y a todos los ancianos de los hijos de Israel, y enviaron a la cárcel para que fuesen traídos.

☞ ¿A quién debemos obedecer más: a Dios o a los deseos del hombre?

✎ Dios _____

49

✔ Hebreos 13:7, 17 - Dios nos dio las autoridades de la IGLESIA para someterse

7 Acordaos de vuestros pastores, que os hablaron la palabra de Dios; considerad cuál haya sido el resultado de su conducta, e imitad su fe.

17 Obedeced a vuestros pastores, y sujetaos a ellos; porque ellos velan por vuestras almas, como quienes han de dar cuenta; para que lo hagan con alegría, y no quejándose, porque esto no os es provechoso.

☞ ¿El pastor predica la palabra de Quién?

✎ Dios

☞ ¿Que deben los creyentes considerar sobre el pastor?

✎ El resultado de su conducta

☞ ¿Que deben los creyentes imitar del pastor?

✎ Su fe

☞ Porqué los creyentes deben obedecer y sujetarse al pastor?

✎ Él dará cuanta sobre ellos

✔ I Corintios 6:1-7 - Los creyentes deben ir a la IGLESIA para resolver sus diferencias interpersonales en vez del GOBIERNO

1 ¿Osa alguno de vosotros, cuando tiene algo contra otro, ir a juicio delante de los injustos, y no delante de los santos?

2 ¿O no sabéis que los santos han de juzgar al mundo? Y si el mundo ha de ser juzgado por vosotros, ¿sois indignos de juzgar cosas muy pequeñas?

3 ¿O no sabéis que hemos de juzgar a los ángeles? ¿Cuánto más las cosas de esta vida?

4 Si, pues, tenéis juicios sobre cosas de esta vida, ¿ponéis para juzgar a los que son de menor estima en la iglesia?

5 Para avergonzaros lo digo. ¿Pues qué, no hay entre vosotros sabio, ni aun uno, que pueda juzgar entre sus hermanos,

6 sino que el hermano con el hermano pleitea en juicio, y esto ante los incrédulos?

7 Así que, por cierto es ya una falta en vosotros que tengáis pleitos entre vosotros mismos. ¿Por qué no sufrís más bien el agravio? ¿Por qué no sufrís más bien el ser defraudados?

☞ ¿Quién debe ser juez para los creyentes?

✎ Uno de menor estima en la iglesia

☞ ¿Que debe sufrir si otro creyente te ofende y no hay restauración?

✎ El agravio

✎ El ser defraudado

Los Otros Estudios Bíblicos y Libros
disponible por
Los Ministerios de Andando en la PALABRA
www.walkinginthewordministries.net

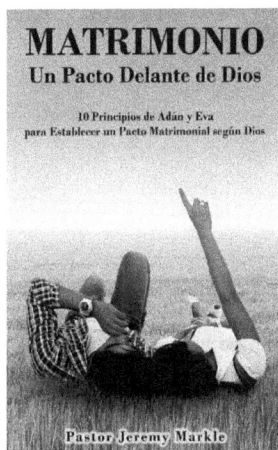

MATRIMONIO
Un Pacto Delante de Dios

10 Principios de Adán y Eva
para Establecer un Pacto Matrimonial según Dios

Pastor Jeremy Markle

Matrimonio:
Un Pacto Delante de Dios

Diez estudios y materiales extras
para ayudar a una pareja
tener un matrimonio bíblico.

La Crianza con Propósito

Seis estudios
sobre la crianza bíblica.
Los primeros tres estudios se enfoquen en
la necesidad de los padres
de honrar a Dios con su niño.
Los últimos tres estudios se enfoquen en
cómo los padres tienen que representar
Dios Padre a su niño.

LA CRIANZA CON PROPÓSITO

Honrando a Dios Padre
con su hijo
mientras
Representando a Dios Padre
a su hijo

La Armadura de Dios
para las Batallas Diarias
Efesios 6:10-18

La Protección Espiritual
de
Los Ataques Espirituales

La Armadura de Dios
para las Batallas Diarias

Un estudio diario
para ayudar a los creyentes
a aprender y aplicar
los recursos espirituales
que Dios el Padre les da
para vivir la vida victoriosa.

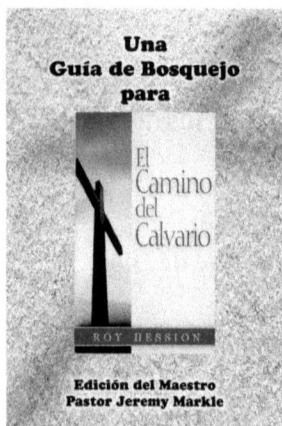

Una Guía de Bosquejo para El Camino del Calvario de Roy Hession

Esta guía en forma de bosquejo
fue escrita para mejorar
su capacidad de comprender, recordar,
y aplicar las verdades espirituales
importantes compartidas en
El Camino del Calvario.

La Búsqueda para la Mano de Dios en Mi Vida

Un estudio de seis temas importantes
para que un creyente pueda ver
el cuidado y la dirección de Dios
en su vida.

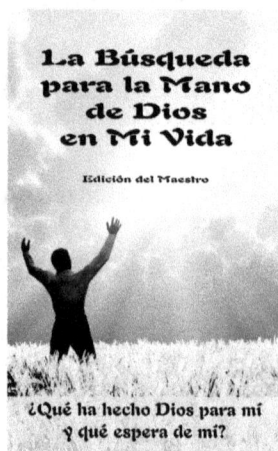

El Corazón del Hombre

Un análisis Bíblico
tocante a la salvación,
los primeros pasos de la obediencia,
y la vida nueva.

¿Qué dice la Biblia sobre:
La Salvación?,
El Bautismo?,
La Membresía de la Iglesia?

Tres estudios sencillos
para investigar y repasar
la salvación
y los primeros pasos de obediencia
en la vida del creyente.

Los Componentes Básicos
para una Vida Cristiana Estable

Cinco estudios explicando
la importancia de y como organizarse
en la oración,
el estudio bíblico,
las verdades bíblicas,
los versículos de memoria,
y la predicación.

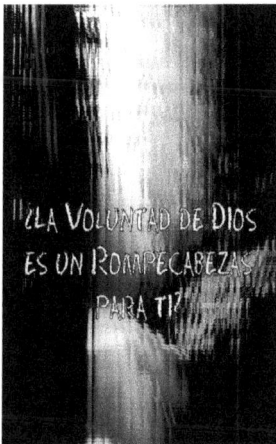

¿La Voluntad de Dios
es un Rompecabezas para Ti?

Un estudio y formulario bíblico
para encontrar la voluntad de Dios
para su vida.

www.ingramcontent.com/pod-product-compliance
Lightning Source LLC
Chambersburg PA
CBHW071738020426
42331CB00008B/2080